·青春期自救手册·

不要怕技术让我们失业

[法] 克莱尔·马林（Claire Marin）著
[法] 阿尔弗雷德（Alfred）绘　时征 译

中信出版集团 | 北京

图书在版编目（CIP）数据

青春期自救手册．不要怕技术让我们失业 /（法）克莱尔·马林著；（法）阿尔弗雷德绘；时征译．-- 北京：中信出版社，2023.9（2023.11重印）

ISBN 978-7-5217-5830-6

Ⅰ．①青… Ⅱ．①克… ②阿… ③时… Ⅲ．①心理健康－健康教育－少儿读物 Ⅳ．① G444-49

中国国家版本馆 CIP 数据核字（2023）第 115802 号

青春期自救手册·不要怕技术让我们失业

著　　者：[法] 克莱尔·马林
绘　　者：[法] 阿尔弗雷德
译　　者：时征
出版发行：中信出版集团股份有限公司
（北京市朝阳区东三环北路27号嘉铭中心　邮编　100020）
承 印 者：北京瑞禾彩色印刷有限公司

开　　本：787mm × 1092mm　1/32　　印　　张：1.625　　字　　数：21千字
版　　次：2023年9月第1版　　印　　次：2023年11月第2次印刷
京权图字：01-2022-3949
书　　号：ISBN 978-7-5217-5830-6
定　　价：13.80元

技术会如何改变我们？

长期以来，人们总说技术改善了我们的生活。总的来说，技术确实提高了产量和生产力。可我们并不确定它是否真的使生活的方方面面都得到了改善。如今，有人认为新技术能够使人类的生活变得更好。可究竟怎样才算是变得更好呢？

“**技术对人的影响，涉及人际关系及思维方式。**”

在疯狂地运用新技术之前，我们不应该考虑一下可能产生的后果吗？我们只是被这些创新所吸引，却忽视了使用它们可能给我们带来的风险。对于技术，我们或过分痴迷，或漠不关心，或不够了解，这让我们在面对技术发展及其遵循的经济因素时表现得相对被动。然而，如果技术是对世界和物体的改造，那么其中也涉及对我们的人际关系及思维方式的改造。技术以唯物主义为基础，其本质是对人类行为的量化和模拟。在改变了我们的世界观及自我认知的同时，它也改变或限定了我们思考、质疑和理解问题的方式。

“**技术是对人类行为的量化和模拟。**”

那么，在技术的作用下，我们的行为和思想是否会变得标准化？或者恰恰相反，技术能够通过虚拟现实的方式来复制和扩展现实世界，从而使行为和思想拥有更多可能？所以，我们必须要思考技术带给我们哪些改变，以及我们在面对一些复杂而难以理解的技术时为何会变得被动；同时也必须思考我们是否有办法来制约这种巨大而令人不安的力量。是什么在背后支持着技术的发展？它能在多大程度上改变我们？又将如何改变我们？我们是应该屈服于这种压倒我们的力量，还是应该一心求变，克服自身弱点，突破自我，尤其是不再受到死亡的困扰？我们要创造什么样的生活？我们会变成什么样呢？

我们应该如何了解技术？

当然，今天的技术已经不再像发明车轮那么简单了！与复杂的新型技术产品相比，那些由齿轮和杠杆组成的老旧机器似乎变得一钱不值。事实上，这里涉及了下面的两个概念，我们所说的技术包括“技巧技法”和“工艺技能”，这二者之间存在着很大的区别。前者所表达的，首先是一种通过改造而产生一种新事物的行为，比如陶艺家在制作一个花瓶或小提琴家在创作一段旋律时所运用的动作技巧。至于后者，则是依靠高深的知识来实现的加工制造技艺（其英语和法语单词的后半部分来自希腊语中的“logos”，意思是“知识”）。然而，在大多数情况下，我们只知道它的实际用途，而不知道它是如何呈现或运转的，因此也不知道它在长期或短期内会带来哪些可能的真实影响及后果。不过，只要它有效，具体如何实现并不重要。我会使用这些物品是因为它们对我来说是有用的，能使我的生活变得更加轻松便捷。正如德国社会学家**马克斯·韦伯**所说，“我们只需要依靠它们就足够了”。

在并未充分了解工具的情况下使用工具，使我们在操作中面临着不可预知的危险。当我们在使用工具时，这些工具不也在利用我们吗？所以，工具的真正用途是什么呢？它们会带来怎样的帮助？德国作家**莱辛**在 18 世纪的时候就提出过这样的问题。换句话说，它们的真正价值在哪里？

技术是一把双刃剑吗？

我们生活在一个被新技术支配的世界里。它们创造出有用的物品，并以这些物品的便利性诱导我们使用。它们呈现给我们的那些必要用途，从经济学角度来看，难道不是恰好符合我们的基本需求吗？以改善人类生活为首要原则的技术，与其说是要解放人类，倒不如说是使人们受制于消费逻辑而无法自拔吧。

20 世纪初，法国哲学家**亨利·柏格森**就提到了一个“方向性问题”，他发现，技术发展“所走的道路是在为一部分人谋求过度的幸福和奢侈，而不是为所有人带来解放”。今天，高速发展的人类已经变成了他们工具的工具。

亨利·戴维·梭罗（美国哲学家）

技术不仅加剧了现实中的不公平，甚至使我们的未来面临着巨大的风险。那么技术的真正前景是什么呢？

技术是如何发挥作用的？

为了理解技术所带来的结构性创造，我们可以回头看看两个基本构造：齿轮和杠杆。在第一个齿轮启动后，需要一段时间才能看到最终的效果。操作机器的人不一定了解它能产生的所有效果。这就使这些效果变得更加抽象，甚至可能和我们的动作本身没什么关系，这让我们失去了掌控权。

另一方面，正如杠杆原理所示，在技术的帮助下，输出的力比输入的力大，这使我们能够举起远远超过仅凭我们自身力量所能举起的重量。

在这种存在差距和不对称的情况下，出现了一些基础问题。当一个人或一组人的力量与技术工具相互叠加时会发生什么？我们在多大程度上能说自己真正控制了它？我们能够或应该将技术应用到什么程度？这就是柏格森著名的“填补灵魂”说。“在这个不成比例地增大的身体里，灵魂仍然保持原样。它现在太小了，无法填充身体；它也太弱了，无法指挥身体行动。”

技术使人类获得了一些新的能力，这也要求我们必须拥有一种更广泛的批判意识。我们将行为进行分解，并将其委托给机器，但我们往往并

不了解这些机器的功能，这也使我们进一步远离了我们的行为所产生的影响及所承担的责任。德国哲学家**马克思**在 19 世纪发现了这种结构关系，这对我们来说是一种束缚：我们被困在了一个剥夺我们行动意义的系统之中。在屏幕的背后，我们的世界就只剩下了一种缺少现实感的、无形的关注。我们并不知道都有什么人会读

> **“在屏幕的背后，我们的世界就只剩下了一种缺少现实感的、无形的关注。”**

到我们在网络上发布的信息，我们看不到他们的长相，我们也不一定能意识到我们所说的话能产生的影响。于是，我们得根据新的模式来构建与他人之间的关系。我们必须评估技术对我们的生活以及我们的生活方式、思维方式和交流方式所产生的影响，并判断出它会通过什么方式来影响我们的表现。

技术在带给我们方便的同时，是否也剥夺了我们的权利？

总的来说，一个高度技术化的世界为我们带来了很多好处。技术变革让我们拥有了电、饮用水以及良好的医疗和教育环境，这极大地改善了我们的生活。没有人会抱怨自己在手术前可以打麻药，也没有人会抱怨自己能够与分散在天涯海角的朋友交流！

在我们的生活中，技术的实际地位和象征意

人是由习惯驱动的机器，
就像风会使磨坊的风车转
动一样。

伏尔泰（法国哲学家）

义都已经发生了改变。我们身边的机器，已经从实用型机器（洗衣机、冰箱）变成了一些能吸引我们注意力的机器，有些甚至会让我们上瘾（比如电子游戏），或是让我们产生依赖（无手机焦虑症）。机器所需要满足的已不仅仅是那些解决家庭管理或职业应用等方面的实际问题的有形的实用性需求，它们还需要满足人在游戏、关系和自恋方面的欲望或心理需求。

这些机器为以自我为中心的表达提供了一种新的媒介，允许自我的虚拟延伸，满足了人对认可的需要，主体的情感转移被扩大了。因此，作为欲望的客体，社交网络或像电脑及智能手机这类机器的令人震惊的能力，成为一个真正的“过渡性客体”，这个概念是英国儿童精神分析学家**温尼科特**在讲述幼童的毯子时所提出的。这个“过渡性客体”通过照片、电话号码、信息、音乐等使我们与家人的联系变得具体化，并对我们的私人生活进行了高度概括。它允许其他人的话语和面孔通过虚拟的方式出现在我的生活之中。

但这些机器同时也是一个可以和我们一起移动的完整的家，里面收藏着我们的工作、我们的电影、我们的电视剧、我们的书、我们的游戏、我们的音乐会、我们的杂志、我们的商店……这个被保存在一个只有几毫米大小的存储卡之中的微缩世界，使人们在今后得以更随意地四处游荡。当然，位置、距离和空间这些概念则发生了很大的变化。

“只要点击一下，我们就能找到任何东西……但真正的私人空间也就不复存在了……”

只要点击一下，无论是人还是知识，我们都能找到。但这也意味着，我们也会马上“被发现”。真正的私人空间不复存在了。例如，进入职业生活之后，你的手机和电子邮件会让客户或同事以虚拟的方式在你享用晚餐或安度周末的时候出现在你身边。如此一来，家庭空间也被工作消息霸占了。所以，我们真的应该对公司提供的可移动设备感到满意吗？它是公司移植到我们身上的假体，使公司获得了以前属于我们自己的空间和时间：上下班途中、晚上、周末、假期都是如此。技术产品让老板或父母能够监控他们的雇员或子女。通过芯片追踪的方式，让使用者的出行、交流、购物、关注的事物与人际关系都变得透明化。连最轻微的偏差都能很容易被识别到。

于是，电子机器拥有了掌控我的能力，我被它牵着鼻子走，我必须随时保持联系。曾经专属于应急专业人员（医生、消防员）的方式被应用到了所有人的身上。德国社会学家**哈特穆特·罗萨**认为，主导逻辑是紧迫性和即时性。我们将它称为一种“时间暴政”。此外，还存在一种真正的速度暴力，一种由期限及截止时间带来的压力，不过其紧迫性往往令人怀疑。在这种过分亢进的节奏之中，哪里还有余力进行反思和评判？

临时会议，
回来！

你的论文有
进展了吗？

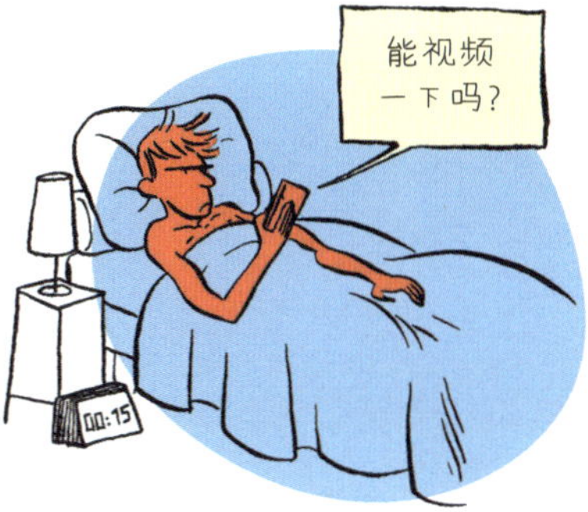
能视频
一下吗？
00:15

你在
哪儿？

赞
永远怀念

技术会让我们的生活变得程序化吗？

机器有能力打断我正在做的事情，中止我的行为逻辑，并将我带入另一个问题或另一个世界。当社交媒体和工作文件出现在同一个屏幕上时，我要怎么做才能把注意力集中在工作上呢？令我分心的东西就近在咫尺，似乎很难不受影响。这并不是现在才出现的问题。在公元 4 世纪时，奥古斯丁就已经发现，即使再怎么努力集中精神，也还是可能会因为某些事情而分神。不过，其中更值得我们注意的是，我们为何会因外部打扰而放弃追求内心的东西。诱人、好玩且无处不在的机器是“娱乐”的新来源。**帕斯卡**认为，娱乐会让我们与自己渐行渐远。

机器能轻易地分散我们的注意力，让我们沉迷于娱乐之中，从而偏离自己的既定目标。我们放任自己被那些总是推陈出新来激发我们消费欲望的广告所吸引。对机器的服从与迷恋，显示出

“风险在于，我们不去寻求内在的东西，而是放任自己被外在事物限定和打扰。”

了人的惰性。法国哲学家**贝尔纳·斯蒂格勒**指出，人们想要抗拒这种暗示性影响越来越困难，特别是在经济领域。出于懒惰，我们会乖乖地遵从预先设定好的消费模式。然而，在贝尔纳·斯蒂格勒看来，随着这种惰性的增长，欲望也在逐渐消失。

人已经变得无欲无求，一切都已经为他预先设定好了。他不再是自己的欲望和幻想的主宰，他接受了电脑根据自己的消费习惯，通过概率计算而给出的消费模式。甚至在我们自己还没来得及提出愿望的时候，机器就已经给出了建议。那么，我们该如何抵抗这种标准化的生活呢？

然而，我们决不能把自己被绑定的原因都归结到机器上。正如斯蒂格勒指出的那样，将这种自动化行为强加给我们的并不是技术，而是我们自愿选择的这种自动化的生活，因为它解放了思

新技术迫使我们变得更聪明。

米歇尔·塞尔（法国哲学家）

想，并释放我们的注意力。如果我总是走熟悉的那条路，总是用同样的方法处理工作，那么在这段时间里，我就可以想些别的事情。自动化首先会解放我们，然后再束缚住那些被任务锁定的人，他们并不能更自由地进行工作，而是（在流水线上）进行重复性工作，现在，当技术自动化变得比人类的熟练动作更有效时，他们也就失去了价值。

人是习惯性生物，而技术所利用的也正是这一点。我们按照模式化的方式生活和行事，这使我们的行为变得可以预见。当我们通过对不同网站的虚拟访问将自己的痕迹（“数据”）播撒到整个电子世界时，情况更是如此。

> “**技术所利用的正是我们是习惯性生物这一事实。**”

通过这种方式，技术将我们锁定在由我们自己勾勒出的模式中，并借此强化了我们的习惯，并使它们标准化。因为你喜欢那本书，所以你也会喜欢这本书。但互联网也是一个会有意外新发现（一个很特别的概念，指的是找到了我们并没有想去寻找的东西）的地方，在随机浏览时，我们可能会发现我们原本没机会，甚至从没想过要进入的世界。我们只有在自己愿意的情况下，才会被关进这些虚拟盒子中。

技术是如何侵袭我们的日常生活的？

随着虚拟世界所带来的诱惑不断增加，我们的时间也变得支离破碎。我们失去了持续的时间，也就意味着失去了思想的连续性、任务的统一性、行为的固有节奏和对话的连贯性。即时通信技术让我们每时每刻都能收到新的信息，再加上在屏幕上阅读信息的方式与传统的线性阅读不同，这些都会分散我们的注意力，从而干扰了我们的学习和工作。我们是否必须解决电子屏幕所带来的干扰和注意力分散飘忽的问题，还是说，我们可以相信注意力会自己进行调整？思想是否会习惯于同时在多个平面上延伸，就像交响乐指挥家知道所有乐器的曲谱一样？但是，为了能够达到这样一种思维上的平衡，这些思想难道不应该已经各归其位了吗？这种思想的延伸会对意识的心智建设产生什么影响？

我们是否有能力同时关注不同的数据，同时出现在不同的地方，就像被赋予了分身术一样？空间发生了叠加，它们不再是并列的。现实不再有边界，它由漂浮的地层组成，以随机和不可预知的波动方式从地表经过、出现和消失。我坐在教室里，却并没有在听课，因为我正在社交网络上看上一次聚会的照片；就像我也可以躺在床上，却在认真学习在线课程一样。

人们无须再关注当下，他们可以随意组织自己的生活，决定自己什么时候想要做什么事情。他不必担心错过任何东西，因为似乎从今往后，人们似乎可以“根据自己的需求”来安排现实生活了。这种逻辑兼具即时性和差异性，这就意味

着，我可以推迟观看一部电影；如果我觉得有必要，也可以在凌晨一点的时候买下那双鞋；我还可以推迟收听自己感兴趣的那个政治节目的时间。所有事情都不再具有特定的时间性。我们的行为不再受时间的限制，我们的想法也不会被现实所局限。

那么我还能享受当下吗？该不会总是被屏幕上同时出现的外在请求所干扰，并让这些占据我的全部生活吧？我是否在自己生活中的每一刻都真实存在过呢？因为无法忍受事物的转瞬即逝，我把它们记录下来，以便未来可以重温当时的情景。把一切保留和存储下来，仿佛这样就可以阻止它们消失似的。

我们还需要在现实中面对彼此吗？我们的身份和样貌（甚至品性）都展现在社交网络和所有这些虚拟世界之中。并不仅仅是我们的外表被放大到了聚光灯下，而是我们的整个人（包括内在和外在）都被不断复制到了各个网站上，只不过每一个我都会有一些不同。在现实世界里上演社会喜剧已经不够了，我们还必须在虚拟世界中收集“点

> **“我们还必须在虚拟世界中收集‘点赞’。可是，‘点赞’就代表认可吗？”**

赞”。可是，“点赞”就代表认可吗？

数字图像具有某种特殊的隐性修饰，就仿佛自带了某种滤镜：虚拟生活和现实生活一样，也会出现各种各样的场景，只不过技术手段把它打造得更像一个游戏而已。当代文化的要素之一，就是知道如何找到这些修饰过的图像和具有内在情感的真实个体之间的差别，从而将它们区分开来。

因此，除了设定好临界距离之外，我们还需要拥有一些开创性和意志力，这样才能更好地掌控和运用技术工具，使它发挥出独特的创造力。把规定我们应该喜欢什么、应该买什么，以及更广泛地规定我们应该如何关心自己的任务交给机器，这对我们来说具有很强的诱惑力。我们与他人的关系由于机器的介入而发生了改变，除此之外，主体与自己之间的关系似乎也被所连接的客体控制和量化了。我们无须再时刻留意自己的健康状况，完全可以把这个任务交给手表或电子手环来完成。不过，法国哲学家**米夏埃尔·弗塞尔**

认为，这种“时刻审视自己的生活方式，可能是忘记如何生活的最可靠的方式了”。

于是，我们变成了一组数字、一组可量化的数据、一系列图表化的习惯。然而，这种几何式的存在不能概括出真正构成我们身份的东西。有人认为可以通过一组数据来判断我们的身体状况和情绪变化，从而更好地了解自己。这个想法是错误的。按照柏格森的说法，我们无法将内心生活及思想和意识的路径简化为一张脑电图，就像我们不能通过算法来定义一个人一样。我们必须抵制当代知识中所特有的客观性和确定性带给我们的幻觉，即**海德格尔**所谴责的那个“通过计算和评估来带给我们安全的世界”。因此，按照弗塞尔的说法，我们必须抵制“将了解自己的责任委托给机器的想法”，并“交还技术慷慨给予我们的东西”。我们要拒绝新技术的指令，决不能任由自己被剥夺了自我存在的意义：“只有可衡量的事物才是存在的”，不能让机器来决定我们永远不要派人类来做机器的工作。

电影《黑客帝国》

的生活节奏。

技术是如何加快我们的生活节奏的?

在这个不断加速的世界里，人类已很难跟上节奏。机器的速度并没有将我们从缓慢的节奏中解放出来，而是剥夺了我们享受缓慢的权利，使我们忘记了这种新的时间模式不是也不可能成为我们的节奏。对法国哲学家**让·鲍德里亚**而言，速度是“瞬间对时间深度的胜利”。它必然导致我们采取肤浅的做法。早在1958年，哲学家**汉娜·阿伦特**就曾谴责新的计时方式采用的是机械的节奏，而忽略了人类的节奏。这种节奏的变化已经变得不可避免了，在大量计算任务和数据研究中，人类已经无法与机器竞争了。但最重要的是，这会让我们淡忘时间的概念，甚

> “这会让我们淡忘时间的概念，甚至让我们淡忘在规定时间内完成某个行为的那种感觉。”

至让我们淡忘在规定时间内完成某个行为的那种感觉。

在这种被极度缩减的、支离破碎的时间逻辑中，我们需要反思一下这带给那些需要时间的活动或行为怎样的深层次改变，甚至需要担心这些活动或行为会不会消失。然而，所有“缓慢”的行为，如治疗、教育、创造，都有自己固定的时间周期，没有什么可以加快它们的速度。在陶器真正干燥之前对它进行烘烤可能会导致它开裂，过快地进行治疗可能会造成危险，一次性提供太多信息反而会使人无法记住它们。

我们不会或不再知道如何花费时间去思考和完善一些东西。1972 年，人类学家**克劳德·列维-斯特劳斯**在他的花园里安静地接受采访时，就已经对使我们深陷其中的海量信息以及在当代世界积淀中进行批判性思考所面临的困难感到震惊。面对今天的局面，他又会怎么说呢？这种狂热，这种不断加速的逻辑，又能引导我们走多远？减少生命的成长时间，消除那些不必要的时刻，大大缩短一个生命、一个行为、一个事件的长度？在我们未来的社会中，还有什么地方可以容纳缓慢的节奏，以及因年老、患病或残疾而变得缓慢的人呢？我们可以和法国思想家**保罗·维利里奥**一起问问自己，为什么我们对速度和即时性的迷恋会成为一个令人担忧的迹象。

这种强加给我们的节奏有可能剥夺我们的决定权及我们行为的意义。在一个变化流转的世界中，人们终会找到属于自己的位置。在赞美这种流动性的同时，我们也不应该忘记，这种灵活性也催生了某种非理性，就如**哈特穆特·罗萨**在他对时间的社会批判中所表述的那样。现实是灵活多变的，但同时也是不稳定和不确定的。没有什么是理所当然的，一切都在不断变化。

速度使人变得精疲力竭，使他们的行动失去了意义和连续性。于是，一种新的乌托邦出现了。人们开始找回自己的节奏，享受生活，慢慢做事，创造哈特穆特·罗萨所说的“减速绿洲”，脱离那个总让我们远离他人甚至丧失自我的体系，并与赋予我们生活意义和价值的属于个人的时间性重新联系在一起。

> **“所有任务都被设定了时间，我们生活在一个巨大的时间表中，没有‘死机时间’。”**

原本用来完成任务、充实思想、实现目标的生活时间，已经被预先计算好的数学时间所取代。今天，我们没有时间再去等待糖的溶化（柏格森曾经用这个例子来说

明每件事都需要特定的时间）或水果的成熟。这个时间由技术来设定，与用途无关。所有任务都被设定了时间，我们生活在一个巨大的时间表中，没有“死机时间”。当代社会似乎想要抹去等待的念头，所有需求好像都必须立即得到满足。

技术会取代我们吗？

人类再也不用不耐烦地等待了。他能立即获得信息，很快就能在 3D 打印机上打印出想要的

东西。他不再需要等待，现在轮到机器迫不及待了。使用机器，是因为我们意识到了自己的缓慢或能力不足（我们已经无法理解它的运转方式，也无法修复它），以及自己的笨拙或不够精确。我们如今已经在考虑使用比人类更可靠的外科机器人来治疗前列腺癌。

我们需要担心的不是机器的程序会不会过时，而是我们自己是否已经落伍。正如奥地利哲学家**冈瑟·安德斯**所指出的那样，人类已经成为过时的、陈旧的、没人要的老古董了。技术的更迭比自然界的季节交替更快，机器一个接一个地出现，每个新版本都会使前一个版本失去价值，几乎没有留给我们时间去适应。

此外，如今有些机器已经能够在无须人类操作的情况下运转自如，它们似乎厌倦了人类的迟缓，而想要创造一个他们没有发言权的快节奏世界。科学家们正在开发一种车辆之间的电子通信系统（V2V，即汽车对汽车通信），来管理汽车的行驶以避免事故和交通拥堵。我们周围已经陆续实现机器人化了。在某些领域，人类的智慧已经被数据系统所取代。机器人记者可以完成新闻报道的制作，自动驾驶的汽车和飞机也问世了。但我们能够用简单的计算来代替思考吗？我们要如何用统计数据来解决一些道德问题？机器人交易员卷入金融危机就是一个例子。还有，自动化汽车是如何“思考”的呢？在即将发生事故的情况下，机器会决定牺牲谁，是乘客还是鲁莽的行人？

因此，我们必须对机器人的使用加以限制，尤其不能让它在涉及道德问题的领域里取代人类。机器人能够取代医生或教师吗？在法国技术问题专家**让-米歇尔·贝尼耶**看来，并非所有在技术上能够实现的东西都应该被开发。创新不能凌驾于一切之上，我们需要用批判性思维来遏制它带来的风险。

也有些人设想出了另一种途径，即人类与机器人合作，而不是被机器人取代。因此，我们会

将某些任务委托给协作机器人，以便集中精力处理那些需要人类进行思考并做出道德判断和伦理选择的问题。

我们该如何与技术和谐共生?

面对快速而有能力的机器给我们带来的自我贬值，面对来自机器人的竞争，我们可能也会想要提高自己，将自己“升级”到一个新的、没那么脆弱、没那么多缺陷的人类版本，以便适应我们所创造的技术世界。正如德国哲学家**黑格尔**在启蒙运动时代就已经断言的那样，“人并不想要保持自然将他打造成的样子”。

我们总是通过装饰打扮、更换服装、改变发型、脱毛等方式来改变自己的外表。这些改变都仅仅停留在表面上，为什么不试着通过改变内部构造、结合电子芯片等元件、重新制定基因程序等方式在深层次上改造我们的身体呢？（可应用于生命体的）生物技术的进步会帮助我们更好地抵御疾病和伤害，甚至延缓衰老。

既然技术可以不断提高土地的生产力和植物的抵抗力，为什么不能反过来优化人类呢？这个问题并不是新近才提出的，法国哲学家**孔多塞**早在18世纪就开始思考了。“现在就设想人类的这种完善化应该被视为是有着无限进步的可能的，难道是荒谬的吗？……人是不会永远不死的，但是能够不断延长从他开始生存的那一瞬间到他没有遭遇疾病或意外、自然而然地生活到难以生存下去的那一刻之间的这段时间。”（摘自《人类精神进步史表纲要》，译者：何兆武、何冰）。

归根结底，是为了尽可能长时间地保持健康，享受活着的乐趣。根除疾病，消除衰退和脆弱，谁会反对这样的计划呢？有些人甚至想走得更远：让人变得不会死亡。这就是20世纪80年代诞生于美国的超人类主义运动的承诺，借助于纳米技术、生物技术、计算机科学和认知科学（一门研究我们大脑工作机制的科学），他们将未来的人类设定为一个被赋予了超人能力、拥有一个部分由电子元件组成的混合大脑的“增强型”的人。

用新的细胞更换老化的细胞，将使我们能够永远保持年轻。衰竭的器官将被用3D打印技术制造出来的更有效的假体所取代，携带疾病的基因将被“剪切”掉，健康的基因将被“复制粘贴”到原来携带疾病的基因的位置。不过，这种被称为基因编辑的新技术在为疾病治疗带来巨大希望的同时，也在优生学方面提出了一个严肃的问题：我们将根据怎样的生物学、物理学甚至意识形态如果我是技术人员，我会制作非常复杂的物品。因为非常复杂的物品能够简化生活。

欧仁·尤奈斯库（罗马尼亚戏剧家）

标准来选择下一代？我们应该在多大程度上“纠正”大自然的“错误”？我们很可能会忍不住通过编程的方式来“设计”出一个理想中的完美孩子或是某种满足我们幻想的生物。但是我们能在此时就确定一个即将到来的生命吗？这不是已经侵犯了他为自己选择某些特征的自由吗？我们无论如何都不能忘记，孩子并不是一个可以供我们随心所欲塑造的生物，每个人的独特之处也许恰恰体现在他的弱点上。

“我们应该在多大程度上“纠正”大自然的“错误”？”

然而，正如其名称所暗示的那样，超人类主义提出要超越这些定义了人类的局限，即人的脆弱性和必死性。作为人和技术的混合物种，这些后人类会是什么样子？在当代人的想象中，技术进步所要做的，不再是对世界或我们的生活方式进行改造，而是对人的身体构造和大脑功能进行改造。它声称要让我们的有限性消失，从而修改我们对人类本质的定义。不再脆弱或不会终结的生命会是什么样？它还有意义吗？难道不是因为时间的有限它才被赋予了某种强度吗？

围绕着被技术改进了的人类形象，涌现出许多幻想。然而，出现在电子游戏、科幻小说或仅限于特定领域（如军用外骨骼）的实验中的半机械人及人机合一的梦想，离我们的日常生活仍然非常遥远。对我们来说，对自己进行“修复”已经很困难了，暂时更无法真正实现对自己的“改造”。任何曾经在脚部打过石膏的人都能体会到，适应石膏有多困难，而脚部的愈合又有多缓慢。将某样东西作为自己的一部分，违背了人的整个身心习惯体系。

事实上，即使科学能为我们的身体带来巨大的变化，并极大减轻疾病带来的痛苦，我们努力治愈人类疾病的过程仍然举步维艰。**梅丽斯·德·科朗加尔**在她的小说《修复生命》中详细描述了心脏移植的故事，为我们提供了一个对当前形势的现实的看法。拯救一个生命，往往需要付出失去另一个生命的代价，在这个过程中存在着太多的戏剧性和痛苦！我们无法像换零件一样更换心脏，我们也无法随意地拆卸一个人的心脏。因为人体不能被理解为一个单纯的机械模型，它是一个有机体，器官和头脑、肉体和意识都紧密相连。当我们触摸人们的身体时，就是在通过肉体、感觉和自我意识来与一个主体接触。

笛卡儿说，人“对自己身体的驾驭，与一个领航员驾驶他的船并不一样”。即使科学可以将人体比作一台机器，人体也不会像机器那样运转。

哲学家**让－吕克·南希**在《闯入者》一书中，通过他自己接受心脏移植手术的故事，分析了这种奇怪的侵入和由此产生的被剥夺自我的感觉。他的反馈让我们理解了这种心理上的影响：人体并不像一套机械游戏中的模型，能让我们添加或删除不同的部分，以便从美学或实用性方面对其进行改造。从生物学的角度来说，每个人都注定

OK

无法摆脱死亡。一个人在原本应该死亡时活了下来，那么他的确应该被称为幸存者。但他也可能会像南希形容他自己的那样，变成了一个“不死不活之人”，因为他不再是原来的他了。

人类或许能利用这些生物技术为自己的生命带来新的希望。也正因为有了这种可能性，我们才更应该了解清楚，在身体和心理层面上，人类对于自我改造能接受到什么程度。就像海德格尔所问的那样，我们能在多大程度上强迫自己“跳出可能的圈子”。

面对“人工变化”，我们必须提防一种常见的错觉：技术“不断生产出新奇的事物，但这绝不能证明它能够使不可能的事情成为可能”。

所有这些已公布的或还处于臆想之中的进步，都让我们回到了人类定义的问题上，回到了我们与自身极限的关系上，我们似乎是打算不惜一切代价去超越这些极限。

哲学家**维托里奥·赫斯勒**认为，“放弃现

我们是欲望机器。
吉尔·德勒兹（法国哲学家）

代的‘无限主义’将是下个世纪伦理学的主要任务之一”。我们所面临的挑战，就是要“重新学会去爱我们自己的极限”。是否应该认定人类在身体和精神层面都存在着极限？在这一点上，思想家们存在分歧。哲学家**吉尔博特·霍达**将现实认知（人的生命是有期限的）和本体论定义（人的特征是会受到限制）进行了区分，并提出了这样的疑问：“为什么接受痛苦、衰老和死亡，比努力克服它们更正常？”在他看来，我们甚至可以认为“人都会受到限制”这个观点曾经代表了一个时代，但现在已经过时了。美国哲学家**恩格尔哈特**提出“重新塑造人性”并确定我们在宇宙中的位置：“从长远来看，没有理由认为我们最终会演变成单一人种。拥有多少种不同的人，也就会拥有多少个在新环境中大幅重塑人性的机会或拒绝参与其中的理由。”

“通过改变身体和基因，我们能够在多大程度上对我们自己重新进行定义？”

我们是应该被极限定义，还是应该去尝试超越它？通过改变身体和基因，我们能够在多大程度上对我们自己重新进行定义？这个经过改造的后人类物种很可能与我们想象的相反：它的行为并不在我们的掌控之中，而是可能会以一种完全不可预测的方式与我们为其创造的环境相互作用。在数据经过技术性修改之后，DNA（脱氧核糖核酸）又该如何进行复制呢？

更重要的是，一个已经对疼痛和痛苦感到陌生的生命还会剩下多少敏感性呢？他是否还能表现出同情心？已经变得无懈可击的人类个体之间的关系会是什么样子？让我们彼此靠近的，难道不是我们所共有的脆弱性和对他人的关心吗？

“让我们彼此靠近的，难道不是我们所共有的脆弱性和对他人的关心吗？”

技术带给我们的不是人类增强，而是将我们塑造成一种简化的个体：它将我们简化为一组可以兑现和盈利的数字化的数据集合，简化为有风险的操作和受限的敏感性。作为一个物化的人，力量已经变得不再重要，但我们的印记会以“数据”的形式被保留下来，而且我们可以像进行简单的机器装配那样对自己的身体进行改造。

很难说清楚技术会对我们做什么，以及我们会变成什么样子，但我们肯定知道自己会拒绝什么。通过想象其他类型的人类，我们最终看到了对我们来说似乎至关重要的东西，正是这些使我们成为了人类：一种敏感性，一种对关系和认知的需求，一种作为我们身份的独特标志的生活节奏。我们乐于认为我们可以赋予高科技仪器一种前所未有的使用方式，让它们可以更自由地利用时间以及用全新的方式来组织工作。

技术的力量既体现在它在现代发达社会中的无所不在，也体现在自动化给人类带来的某种惰性和自我疲劳之中。

改变我们对现有物品和技术工具的固有思

维，跳出预设的使用方式，与那些可能使我们变得孤立的东西建立联系，丰富知识并开动脑筋，唯有这样，我们才能够找到和技术共存的潜在可能性。我们应该去创造那些更有利于合作和分享的新技术。